글쓰기 대통령

강원국의
초등학생
글쓰기

❷ 글쓰기로 친구 사이가 좋아졌어요

강원국·서예나 글　문인호 그림

글쓰기 대통령

강원국의 초등학생 글쓰기

7 글쓰기로 친구 사이가 좋아졌어요

강원국·서예나 글
문인호 그림

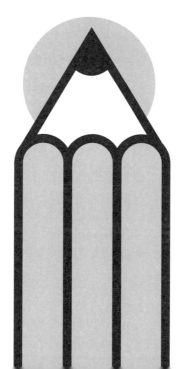

메디치주니어

❝ 우리는 대화를 통해 친구를 사귀어요. 말이 통하는 친구, 말을 잘 들어 주는 친구와 친하게 지내지요. 그런데 말을 하다 보면 내 마음과 다른 얘기가 나오기도 하고, 친구의 오해를 사기도 해요. 그러다 말다툼이 일어나기도 하고요.

글은 말과 달라요. 말은 내뱉고 나면 주워 담을 수 없지만 글은 그렇지 않아요. 고칠 겨를이 있어요. 생각할 시간도 주어지고요. 글은 쓰기 전에 어떻게 쓸지 생각해 보고, 쓴 후에도 고쳐 볼 수 있잖아요. 내가 하고 싶은 말 중에 친구를 불편하게 만드는 말, 친구에게 불필요한 말을 가려낼 기회를 갖지요.

'아, 그 말을 왜 했지?' 하면서 이불을 걷어차 본 적 있지요? 말실수를 해서 친구에게 상처를 주기도 하고, 할 말이 생각나지 않아 머릿속이 하얘지기도 하고, 이 얘기 저 얘기 하다가 '도대체 내가 지금 무슨 얘기를 하는 거야?' 하며 실망하기도 해요. 하지만 글은 그렇지 않아요.

김대중 전 대통령을 아세요? 그분은 말하기 전에 먼저 글로 써 보는 습관이 있었어요. 자신의 생각이나 하고 싶은 말을 글로 써서 고치고 또 고쳐 본 후에, 그걸 가지고 말했어요. 그래서 말에 실수가 없고, 말한 후에 후회할 일도 없었지요.

친구에게 말로 하기 어려운 때가 있을 거예요. 그럴 때는 말 대신 글을 써 보세요. 친구에게 사과하거나 부탁하거나 거절할 일이 있는데 차마 입에서 말이 나오지 않을 때, 나를 힘들게 하는 친구에게 감정을 들키지 않고 말하고 싶을 때, 친구를 진심으로 축하거나 위로하고 싶을 때 글을 써 보세요.

요즘엔 특히 말 대신 글을 써야 할 일이 많아졌어요. 통화보다는 문자를 보내거나 메일을 쓰는 경우가 더 흔하잖아요. 온라인에 글을 써서 새로운 친구를 만들 수도 있고요. 글을 잘 쓰면 깊고 넓은 관계를 맺을 수 있어요. 글을 잘 쓰고 싶은 마음이 들지 않나요? 지금부터 글쓰기의 세계로 안내할게요. 우리 함께 떠나요. 99

2024년 12월
강원국

❝ 우연히 친구와 동시에 같은 말을 하거나 노래를 흥얼거릴 때가 있나요? 우리는 이럴 때 텔레파시가 통했다고 해요. 텔레파시는 말하지 않고도 서로의 생각을 알아차리는 능력이에요. 그래서 눈을 찡긋거리며 "역시 넌 내 친구야!"라고 하기도 하잖아요?

하지만 텔레파시가 통하는 경우는 아주 드물어요. 친구는 내가 원하는 것이 무엇인지, 나는 친구가 원하는 게 무엇인지 모르는 경우가 더 많아요. 학교에서 친구와 장난을 치는데, 어느 순간 친구가 벌컥 화를 냈다고 생각해 보세요.

나: "재미로 한 행동인데 왜 저러는 거야? 민망해."
친구: "왜 나한테만 그래? 그만했으면 좋겠어."

이럴 땐 서로 섭섭한 감정을 느끼기 쉬워요. 그래서 오해가 생기고 사이가 멀어지기도 해요. 이런 상황에서 중요한 것은 공감 능력이에요. 공감 능력은 텔레파시와 비슷하면서도 언제 어디서나 활용할 수 있답니다. 친구가 속상할 때, 슬퍼할 때, 기뻐할 때, 화가 났을 때의 감정을 이해하는 거죠.

그런데 막상 공감은 해도 그걸 표현하려니, 목구멍만 간질간질할 때가 있어요. 그러다 겨우 말을 뱉으려고 하면 손발이 오그라들고, 얼굴이 빨개지는 것 같아서 또다시 입을 다물게 돼요. 그 이유는 뭘까요? 평소에 하는 말이 아니라서 그런 거예요. 무슨 말을 꺼내야 할지, 어떤 표현이 좋을지 생각만 하다가 시간이 다 가 버려요. 이럴 땐 글로 마음을 드러내 보세요. 글은 말보다 더 깊이 있고 구체적으로 표현을 할 수 있어요. 특히 축하나 고마움, 위로를 표현하거나 상처를 달래 주는 데에는 더 효과적일 수 있답니다.

이 책에서는 위로하기, 사과하기, 부탁하기, 축하하기, 거절하기, 인터넷 글쓰기 등 일상생활에서 친구와 더 나은 소통을 할 수 있는 방법을 다루었어요. 내 마음을 잘 전달하는 방법, 친구와 잘 지내는 방법까지도 알 수 있답니다. 99

2024년 12월

서예나

 차례

1장 친해지고 싶은 친구가 있어요!

2장 나의 마음을 전해봐

3장 S N S 로 소 통 하 고 싶 어 요 !

4장 친 구 와 비 밀 나 누 기 !

들어가기

☆ 친구와의 관계가 어려워요
☆ 말보다 글이 좋을 때
☆ 친해지고 싶은 친구에게
　　먼저 다가가기

친해지고 싶은 친구가 있어요!

친구와의 관계가 어려워요
다르다는 것을 인정하기

사람마다 성격도 감정도
모두 다르잖아요?
그래서 서로를 이해하는 것이
쉽지 않을 때가 있어요.

여러분에게 한 가지 질문을 해 볼게요. 처음 글을 쓸 때처럼 시작하기 어렵고 힘든 게 있다면, 그건 무엇일까요?

① 숙제하기 ② 일찍 일어나기 ③ 친구와 잘 지내기

처음은 다 어렵고 힘들다고요? 그래도 하나를 선택하라면 '③ 친구와 잘 지내기'일 거예요. ①과 ②는 혼자만의 노력으로 해결할 수 있지만, 친구와의 관계는 좀 더 복잡하거든요.

당연한 이야기지만 비슷한 성격이나 취향을 가진 사람들끼리 훨씬 빨리 친해질 수 있어요. 만약 게임을 좋아하는 친구가 있다면 자연스럽게 게임에 대한 이야기를 나누며 가까워질 거예요. 그다음에는 감정을 나누기가 쉽겠지요. 하지만 게임을 좋아하지 않는 친구가 있다면 함께 이야기 나눌 주제가 없어 다가가기가 어려울 수 있어요.

우리는 모두 달라요. 각자 취향과 관심사가 다른 것도 당연해요. 혹시 《푸른 사자 와니니》라는 동화를 알고 있나요? 주인공 와니니의 삶이 너무나도 흥미진진하고 감동적이에요. 책을 아직 읽지 못한 친구들을 위해 내용을 조금만 알려 줄게요.

이 책의 주인공은 어린 사자 와니니예요. 와니니는 작고 약해 무리에서 쫓겨나요. 와니니는 혼자 초원을 떠돌다가 잠보와 아산테라는 사자 친구들을 만나요. 이들은 함께 초원을 돌아다니며 사냥을 하고, 서로를 도우며 우정을 쌓아 가요.

자, 여기서 질문! 이 동화는 나온 지가 꽤 지났는데도 꾸준히 베스트셀러를 유지하고 있어요. 이렇게 인기가 많은 비결은 무엇일까요? 여러 이유가 있겠지만 동화에서 능력과 성격이 다른 친구들이 협력하는 게 얼마나 중요한지를 보여 주기 때문이에요.

와니니는 친구들과 함께 어려움을 극복하며 성장했어요. 그리고 그 덕분에…… 아쉽지만 여기까지!

와니니와 친구들이 힘을 합쳐 위기를 극복하는 내용은 함께할 때 더 큰 힘을 발휘할 수 있다는 교훈을 주어요. 이건 동화 속에만 있는 이야기가 아니랍니다. 현실에서도 마찬가지죠. 각자 다른 성격과 재능을 가진 친구들이 함께할수록 우리는 더 발전할 수 있어요.

"미처 이 생각을 못 했네."
"네 말을 듣고 새로운 생각이 떠올랐어!"

다양한 생각들을 나누고 보태다 보면 생각지도 못한 아이디어가 탄생할 수 있어요. 그렇게 더 나은 세상으로 향하는 방법도 찾을 수가 있는 거죠. 다르다고 해서 틀린 것이 아니에요. 상대방에게 배우는 거예요. 서로 달라야 더 재미있고 풍부한 세상을 만들어 갈 수 있어요. 그러니 마음을 열고 나와 다른 친구의 이야기에 귀 기울여 보는 건 어떨까요?

네? 그건 조금 어려울 것 같다고요? 나와 다른 생각이나 의견을 어떻게 곧장 받아들이냐고요? 맞아요. 모든 일에 맞장구를 치며 반응하라는 건 아니에요. 중요한 건 내 생각과 다르더라도 왜 그런 의견을 내놓았는지 이해하려고 노력하는 거예요.

이 모든 건 공감 능력에서 시작돼요. 공감만 잘해도 친구와의 다툼이 줄고 사이가 더 좋아질 수 있어요. 나아가 와니니와 같은 훌륭한 지도자가 될 수도 있어요. 물론 공감 능력은 노력한다면 충분히 발전시킬 수 있답니다. 그렇다면 어떻게 공감 능력을 키울 수 있냐고요? 걱정하지 마세요. 곧 알려 줄게요! ✏️

말보다 글이 좋을 때
깊이 있는 표현하기

상대방의 이야기를 잘 듣고
그 마음을 이해하는 것에서 시작해 보세요.
기본적인 소통 방법이 쌓이면
더 깊은 감정을 나눌 수 있답니다.

선생님은 예전에 '구피만도 못한 인간'이라는 말을 들어 봤어요. 그게 무슨 소리냐고요? 그 말을 들었던 순간이 아직도 생생하네요.

선생님 집에서는 한때 구피라는 열대어를 키웠어요. 그래서 명절이나 휴가철이 되어 집을 오래 비울 때면, 선생님의 아내가 작은 병에 구피를 담아 며칠 내내 들고 다녔답니다. 구피가 제때 먹이를 먹지 못할까 봐 걱정된다는 것이었지요. 선생

22

님은 그런 아내를 보고 이렇게 말했어요.

"구피 말고 나를 챙기지 그래?"
그러자 아내가 웃으며 답했어요.
"당신은 구피만도 못하네."

집을 오래 비우면 어항에 갇혀 꼼짝 못 할 구피의 사정을 헤아리지 못해 들었던 말이에요. 하하하! 이 글에서도 보았듯 저도 공감 능력이 그렇게 좋지 않았어요. 하지만 시간이 지난 지금은 적어도 '구피만도 못한 인간'이라는 소리는 듣지 않고 있답니다. 꾸준한 연습과 노력으로 공감 능력을 발달시켰거든요. 그럼 선생님이 어떻게 공감 능력을 키울 수 있었는지 알려 줄게요.

1. 다른 사람의 말을 잘 듣기

내 말만 하기보다 상대방의 말을 집중해 들으세요. 그러면서 동시에 표정, 목소리, 몸짓을 살피는 것도 중요해요. 예를 들어 어떤 이야기를 할 때 눈빛이 흐려지거나 목소리가 떨린다면 슬프거나 속상하다는 신호일 수 있어요. 이처럼 말 속에는 다양한 비언어적 신호가 숨어 있답니다. 그러니 상대방의 감정을 잘 알아차리려면 그 사람의 말을 집중해 들어야 해요.

2. 책 많이 읽기

책을 읽으며 주인공이 겪는 다양한 감정들을 들여다보세요. 이를 통해 다른 사람의 마음을 조금씩 이해할 수 있게 된답니다. '아, 나도 이런 기분 느껴 본 적 있어.', '저런 일을 겪으면 정말 힘들겠구나.' 하고 공감하는 순간이 찾아오죠.

3. 글을 많이 써 보기 (가장 중요!)

우리는 글을 쓸 때 생각과 감정을 표현하고, 읽는 사람의 반응을 상상하잖아요? '내가 이렇게 쓰면 친구들은 어떻게 느낄까?', '어떻게 친구들을 즐겁게 만들지?' 하면서 말이죠. 이 과정에서 자연스럽게 다른 사람의 입장을 생각하게 돼요. 그리고 그 고민은 공감 능력을 키워줘요.

편지 쓰기는 공감 능력을 키우는 데 가장 좋은 도구예요. 편지를 쓰면서 상대방의 기분을 생각하고, 어떤 이야기를 듣고 싶어 할지를 머릿속에 그려 보잖아요? "너의 기분 이해해. 내가 힘이 될게.", "넌 혼자가 아니야. 내가 함께할 거야." 같은 식이죠. 이런 소통을 통해 상대방을 깊이 이해하고 존중하는 마음을 키울 수 있답니다.

21세기를 살아가기 위해 가장 필요한 게 공감 능력이에요. 현대 사회는 매우 빠르게 변화하고 있어요. 자율 주행차, 휴머노이드 로봇, 수상 택시 등 새로운 기술이나 물건이 마구 생겨나고 있잖아요? 이런 발명은 모두 공감 능력에서 비롯된 거랍니다.

여러분도 들어 봤을 스티브 잡스는 공감 능력을 가장 잘 활용한 사람이에요. 그는 어떻게 하면 사람들이 편리하고 즐겁게 생활할 수 있을지를 곰곰이 생각했어요. 그 결과 언제 어디서나 편리하게 사용할 수 있는 스마트폰을 만드는 데 큰 역할을 했답니다.

벌써 편지 쓰기를 해 보고 싶다고요? 그 전에 알아야 할 것이 있어요. 바로 친구와 친해지는 방법이에요. 친구와 친해져야 서로의 마음을 잘 이해할 수 있잖아요? 그럼 편지를 주고받는 것도 훨씬 의미가 있답니다.

친해지고 싶은 친구에게 먼저 다가가기
칭찬하기

칭찬은 고래도 춤추게 한다고 하죠.
그만큼 긍정적인 감정을 불러일으켜요.
칭찬을 하면 친구들과의 관계도
더욱 가까워질 수 있어요.

'원국이와 친해지고 싶은데……'

'다른 친구한테 더 관심이 있는 것 같아.'

'나랑 친해질 방법이 없을까?'

적어도 한 번은 이런 고민을 한 적이 있을 거예요. 선생님
도 그랬거든요. 학창 시절 친해지고 싶은 친구가 있었는데, 그
애는 제가 아닌 다른 친구들이랑 더 잘 노는 것 같아 속상했답
니다. 게다가 저는 어렸을 때 워낙 소심했던 터라 친구에게 무

턱대고 다가가기도 어려웠어요. 거절이라도 당하면 어쩌나 하는 마음이 컸거든요. 1년 내내 그 친구의 주위를 맴돌기만 하고 가까워지지 못했어요. 만약 그때 '칭찬하기' 방법을 알았더라면 결과는 달랐을 거라 생각해요. 선생님이 **칭찬의 힘**을 깨달았던 순간이 있거든요.

몇 년 전에 선생님이 아내와 함께 맛있는 음식을 먹으러 식당에 갔을 때였어요. 그곳에서 우연히 아내의 친구를 만났어요. 반가운 마음에 아내 친구와 함께 식사를 하기로 했답니다. 그러다 아내가 잠깐 자리를 비운 사이, 아내 친구가 이렇게 말했어요.

"요즘 친구들은 남편 흉보기에 바쁜데, 쟤는 칭찬만 해요. 심지어 존경한다고 하더라고요. 어쩜 그래요?"

집에 돌아온 후, 선생님은 아내에게 이 이야기를 해 주었어요. 그러자 아내는 웃으며 "당신은 정말 좋은 사람이에요. 그래서 칭찬하는 거예요."라고 하더라고요. 선생님은 그때 마음이 뭉클했답니다. 그리고 칭찬이 우리에게 얼마나 좋은 영향을 주는지 깨달았지요.

누구나 칭찬을 들으면 기분이 좋아지고 자신감이 올라갈 거예요. 그리고 칭찬을 해 준 사람과 더 가깝게 지내고 싶다는 마음이 들겠죠. 고백하자면 선생님은 아내의 칭찬을 들은 후로 서로에 대한 믿음이 훨씬 커지고 사이도 가까워졌다고 생각해요. 이처럼 사람은 본능적으로 자기를 인정해 주는 사람과 가까워지고 싶어 해요. 그러니 칭찬하는 사람과 친해지는 건 너무나 자연스럽지 않겠어요?

자, 여기서 여러분이 알아야 할 사실이 있어요. 칭찬은 상대방의 장점을 인정하는 것뿐만 아니라 공감 능력을 발휘하는 방법 중 하나라는 거예요. 상대방이 어떤 말을 들을 때 기분이 좋아지는지, 어떤 말을 듣길 원하는지를 알아야 하거든요.

칭찬할 때는 상대방이 기분 좋을 만한 점을 이해하고 공감하는 것이 중요해요. 예쁘다, 멋지다 같은 단순한 말보다는 '너라서 잘 어울려.'와 같이 그 사람만의 특징이나 노력을 칭찬하는 거죠. 그럼 칭찬이 진심으로 느껴지고 관계도 더 가까워질 수 있어요.

친구가 새 옷을 입고 왔을 때

"옷이 정말 잘 어울려. 특히 색깔이 너랑 딱 맞아."

친구가 발표했을 때

"수업 시간에 들려준 이야기가 정말 재미있었어."

친구가 도움을 주었을 때

"네 덕에 일이 쉬워졌어!"

'말 한마디로 천 냥 빚을 갚는다.'는 속담을 들어 본 적 있나요? 긍정적인 말 한마디가 천 냥 빚을 갚을 만큼 어마어마한 효과를 갖는다는 뜻이에요. 이렇듯 칭찬은 서로의 관계를 깊게 만들어 줄 수 있어요. 친해지고 싶은 친구가 있다면 선생님이 알려 준 방법으로 먼저 다가가 보세요. 세상에 칭찬을 싫어하는 사람은 없답니다!

재미로 알아보는 공감 능력 테스트

이 테스트는 여러분의 공감 능력을 평가하기 위해
준비되었어요. 각 질문에 솔직하게 답해 보세요.
결과를 통해 부족한 점이 무엇인지 알고,
공감 능력을 어떻게 키울지 생각해 볼 수 있어요.

1 친구가 학교에서 상을 받았어요. 이때 친구의 기분은 어떨까요?

① 기쁘다   ② 슬프다   ③ 화가 난다

2 친구가 시험에서 낮은 점수를 받았어요. 어떤 말을 하면 좋을까요?

① 난 시험 잘 봤는데?

② 정말 안타깝다. 다음 시험 때는 우리 같이 공부할래?

③ 시험 준비를 더 열심히 하지 그랬어?

3 친구가 울고 있는 모습을 본다면, 어떤 말을 건네는 것이 좋을까요?

① 왜 울어? 시끄럽잖아.

② 울지 마, 그냥 잊어버리고 재미있게 놀자.

③ 무슨 일인지 말해 줄 수 있어? 내가 도울 수 있는 일이면 좋을 텐데.

4 친구의 이야기를 들을 때, 여러분은 어떻게 하나요?

① 집중해 들으며 친구의 감정을 이해하려고 노력한다.

② 듣고 있지만 크게 신경 쓰지 않는다.

③ 다른 생각을 하면서 듣는다.

5 친구가 고민을 털어놓을 때, 어떻게 반응하나요?

① 그냥 듣기만 한다.

② 고민을 해결할 방법을 함께 고민해 본다.

③ 어떻게 해야 할지 모르겠다.

6 상대방의 기분을 상하지 않게 말하는 방법을 알고 있나요?

① 내 생각대로 다 말한다.

② 상대방을 그냥 가만히 두면 된다.

③ 기분이 어떤지 살피면서 조심스럽게 말한다.

7 친구가 힘든 일을 겪을 때, 어떻게 도움을 주나요?

① 그냥 혼자 있게 둔다.

② 같이 시간을 보내고 위로한다.

③ 어떻게 도와야 할지 모르겠다.

8 친구가 책을 읽고 감동했다고 말했어요. 어떻게 답할 건가요?

① 난 책에 흥미 없어.
② 그 책이 그렇게 좋았다니 나도 읽어 볼까?
③ 책 읽는 것도 좋지만 다른 것도 해 봐.

9 친구가 비를 맞고 왔다면, 어떻게 반응하는 것이 좋을까요?

① 비 맞았다고? 별일도 아니네.
② 우산을 준비하지 그랬어?
③ 몸이 젖어 춥겠다. 따뜻한 음료 꼭 마셔.

10 친구가 응원하던 축구팀이 이겼다고 해요. 뭐라고 대답할 건가요?

① 축구팀이 이긴 건 별로 중요하지 않아.
② 정말 좋겠다! 함께 축하하자!
③ 축구가 왜 그렇게 중요한 거야?

11 발표를 앞두고 긴장한 친구에게 무슨 말을 해 줄까요?

① 네가 잘할 거라고 믿어.
② 걱정한다고 뭐가 달라져?
③ 발표는 내가 잘하는데……

정답 확인

문제 1: ①　　　　문제 2: ②　　　　문제 3: ③　　　　문제 4: ①

문제 5: ②　　　　문제 6: ③　　　　문제 7: ②　　　　문제 8: ②

문제 9: ③　　　　문제 10: ②　　　문제 11: ①

공감 점수

10점 이상: 공감 능력이 매우 뛰어나요. 친구의 감정을 이해하고 적절하게 반응할
수 있어요.

7~9점: 좋은 공감 능력을 갖추고 있어요. 연습하면 더 잘할 수 있을 거예요.

5~6점: 공감 능력을 조금 더 발전시켜 보세요.

1~4점: 공감 능력을 키우기 위해 많은 노력이 필요해요.

이 테스트로 자신의 공감 능력이
어느 정도 되는지 점검해 보고,
친구들과의 관계를 더 깊게
만드는 데 도움이 되길 바랍니다!

2장

나의 마음을 전해 봐

혜린아, 안녕! 사실 너랑 놀고 싶었는데 그동안 잘 표현하지 못했어. 그래서 이 편지를 썼어.
직접 편지를 쓰다니 감동이야. 정말 고마워! 나도 답장할게.

위로하는 글쓰기
힘들어하는 친구를 위로하기

친구가 속상해할 때,
멀뚱멀뚱 바라만 보거나
말없이 지나치진 않았나요?

우리는 살면서 신나는 일, 즐거운 일, 속상한 일, 슬픈 일 등 많은 일을 겪어요. 그런데 말이에요. 이 중에서 누군가의 말 한 마디가 절실히 필요할 때는 언제일까요? 아마도 속상한 일을 겪었을 때일 거예요. 우리는 누군가를 위로하거나 누군가에게 위로받는 일을 중요하게 생각해요. 하지만 위로는 생각처럼 쉽지 않아요. 고백하자면 선생님도 위로를 잘하지 못했답니다. 그때의 이야기를 들려줄게요.

오래전에 선생님은 아내와 크게 싸운 적이 있어요. 그 당시 아내는 직장 상사와의 갈등으로 엄청 속상해했답니다. 선생님은 아내에게 무슨 문제가 있는지 물었어요. 처음부터 쭉 이야기를 들어 보니 아내에게도 잘못이 있는 것 같더라고요. 그래서 선생님은 마치 판사라도 된 듯 잘잘못을 따지며, 심지어 직장 상사와 화해하라고 충고했어요. 선생님 딴에는 문제를 해결해 주려고 한 것이었는데 아내의 반응은 차가웠어요.

"당신한테 괜히 이야기했어. 실망이야."

선생님은 억울했어요. 도와주려고 한 말에 왜 화를 내는지 도통 이해할 수가 없었지요.

한참이 지나 우연한 기회에 정신과 의사인 친구에게 이 이야기를 한 적이 있어요. 그러자 친구가 이렇게 되물었어요.

"직장에서 싸운 이야기를 왜 너한테 했을 것 같니? 설마 자기 힘으로 해결하지 못해서였을까?"

선생님은 그때 '아차!' 하고 깨달았어요. 사람들은 속상한 일이 있을 때, 잘잘못을 따지기보다는 위로받길 원해요. 일부러 그런 건 아니었지만, 선생님은 위로에 전혀 도움이 되지 않는 말만 골라 한 거였어요.

혹시 친구가 돈을 잃어버렸거나, 다른 친구와 다퉜거나, 준비물을 놓고 왔을 때를 본 적 있나요? 이때 충고나 비판의 말을 하면 오히려 친구의 마음을 더 아프게 할 수 있어요. 이런 상황에서 우리가 해야 할 말은 따뜻한 위로예요. 속상한 일을 당한 친구는 힘든 마음을 함께 나누고 이해받기를 원해요. 친해지고 싶은 친구거나 친한 친구라면 더더욱 그렇죠. 나중에 알고 보니 아내가 저에게 기대했던 말은 딱 하나였다고 해요.

"어떤 일이 있어도 난 당신 편이야."

여러분도 힘든 일을 겪는 친구가 있다면 지금 얼마나 속상할지, 나라면 어떤 심정이었을지를 상상해 보세요. '돈을 잃어버렸다면 엄청 불안할 거야. 친구에게 무슨 말을 해 주는 게 좋을까?', '준비물을 안 챙겨 와서 걱정이 가득하겠지?'라고 생각해 보는 거죠. 이렇게 하면 친구는 혼자가 아니라는 느낌을 받게 돼요. 어쩌면 그 속상한 마음이 조금은 덜어질 수 있어요. 또 힘든 순간을 함께해 준 친구에게 고마운 마음이 들어 깊은 우정을 쌓아 갈 수 있답니다.

친구를 위로하는 방법

1. 이야기 잘 듣기: 친구와 눈을 맞추고 집중해서 들어 보세요.
중간에 말을 끊거나 끼어들지 않는 게 중요해요.

2. 감정 이해하기: 공감 능력을 발휘하세요.
친구의 기분을 이해하고 얼마나 속상할지 상상해 보세요.

3. 위로의 말 전하기: 진심이 담긴 말을 해 주세요.
"괜찮아, 그럴 수도 있지.", "나도 그런 적 있어." 같은 말이면 좋겠죠.

4. 실제로 도움 주기: 친구에게 필요한 것이 무엇인지 물어보세요.
"도움이 될 수 있다면 좋겠다.", "필요할 때 꼭 말해."라고 하는 거예요.

☆ 〈위로하는 편지〉로 친구에게 따뜻한 마음을 잘 전달할 수 있어요. 친구가 힘을 얻을 수 있도록 진심을 담아 편지를 써 보세요.

1 친구의 이름으로 시작하기

편지의 첫 부분에 친구의 이름을 적어 주세요.
예) 소중한 내 친구 혜린이에게

2 친구의 상황 이해하기

친구가 겪는 상황에 대해 함께 걱정했다고 말해 주세요.
예) [친구가 겪고 있는 일]을 듣고 많이 걱정했어.

3 감정을 공감해 주기

친구가 어떤 감정을 느낄지 상상해 보고, 그 감정을 인정해 주세요.
예) 이런 상황에서 많이 힘들었지? 누구라도 속상한 기분이 들 거야.

4 위로의 말 전하기

친구에게 힘을 줄 수 있는 따뜻한 말을 적어 주세요.
예) 네 곁엔 내가 있잖아. 걱정하지 마!

5 실제로 도움 주기

친구를 도와주겠다는 말과 그 방법을 제시해 주세요.
예) 나한테 좋은 방법이 떠올랐어. 같이 문제를 해결해 보자.

6 따뜻한 응원의 말 전하기

편지를 마무리하면서 친구에게 따뜻한 응원을 전하세요.
예) 난 늘 네 편이야. 힘내!

7 내 이름으로 마무리하기

편지의 마지막 부분에 여러분의 이름을 적어 주세요.
예) 사랑을 담아, [내 이름]

사과하는 글쓰기
잘못을 인정하기

정말 자존심을 지키고 싶다면
실수를 인정하고 진심으로 사과를 해 보세요.
하지만 "미안해."라고 짧게 끝내는 건
오히려 더 좋지 않아요.

오래전에 미국에서 '사과하기'에 관한 연구를 한 적이 있어요. 사과하기 연구라니, 조금 신기하죠? 이 연구는 사과하기가 왜 중요한지, 사과가 사람들의 관계에 어떤 영향을 미치는지 등을 알아보는 것이었는데요. 무려 8천여 명이 참여했다고 해요. 그런데 이 연구에서 깜짝 놀랄 만한 결과가 나왔답니다. 바로 사과를 잘하는 사람일수록 부자가 될 확률이 높았다는 거예요! 네? 어째서 그런 결과가 나왔냐고요?

사과는 단순히 잘못을 인정하는 것만이 아니에요. 자신의 실수를 인정하고, 그 실수에서 배우려는 태도를 보여 주는 것이에요.

"너에게 불편을 끼쳐서 정말 미안해."
"내가 잘못했어. 다음에는 더 잘할게."

이렇게 사과하면 사람들은 진심을 느끼고, '참 괜찮은 친구네.'라고 생각하게 되죠. 이를 통해 사람들과의 관계도 좋아질 수가 있어요. 더 나아가 시간이 지나면 어떻게 될까요? 학교나 회사에서 리더가 되거나 중요한 역할을 맡게 될 수 있어요. 자기 행동에 반성할 줄 알고, 잘못을 고치려 노력하는 모습에서 '책임감이 있구나. 믿을 만한 사람이야.' 라는 인상을 주거든요. 결국 사과를 잘하는 사람이 더 많은 기회를 얻고, 돈을 더 잘 벌 가능성이 높아지는 거예요.

사과하는 일은 용기가 필요해요. 누구나 자신의 잘못을 인정하기 어려워해요. 괜히 자존심이 상하는 것 같아서 상대방을 탓하거나 변명을 늘어놓는 경우가 더 많아요.

"네가 거기 있는 바람에 물을 쏟게 된 거잖아?"

"바닥이 미끄러워서⋯⋯."

이렇게 핑계만 대면 친구와의 관계는 멀어질 수밖에 없어요. 내 잘못으로 인해 친구가 입은 손해나 상처를 중요하게 생각하지 않는다고 느낄 수 있거든요. 정말 자존심을 지키고 싶다면 용기를 내 보세요. 그리고 용기는 되도록 빨리 내는 게 좋아요. 사과는 타이밍이 아주 중요하거든요. 예를 들어 친구와 놀다가 실수를 해서 "미안해. 내가 잘못했어." 하고 곧바로 사과한다면, 친구도 "괜찮아, 그럴 수 있지." 하고 용서해 줄 거예요. 하지만 제때 사과하지 못하고 시간이 흐른다면 관계는 점점 멀어지고, 결국 사이가 서먹해질 수 있어요. 그러면 사과할 용기를 내는 게 더욱 쉽지 않겠죠.

마지못해 억지로 사과한다거나 "미안해."라고 짧게 끝내는 것도 좋지 않아요. 오히려 감정을 상하게 하거든요. 내 실수를 인정하고 진심으로 사과해 보세요. 사과만 잘해도 관계는 훨씬 더 좋아질 수 있답니다.

44

사과할 때 덧붙이면 안 되는 말

사과할 때 덧붙이면 안 되는 말	상대방의 예상 반응
변명 내가 일부러 그런 게 아니야.	사과는커녕 변명을 해?
책임 회피 다음부터는 너도 조심해 줘.	뭐? 내가 잘못했다는 거야?
비꼬는 말 다른 사람들은 괜찮은데, 너만 왜 그래?	내가 별나서 그렇다는 거야?
조건 달기 나만 그런 게 아니지만, 이번 일로 기분이 나빴다면…….	왜 다른 사람까지 끌어들이지?
상황 파악 부족 사실 나는 잘 모르는 일이야.	그럼 네 책임이 아니란 거야? 어이없네!

☆ 〈사과하는 편지〉는 자신의 잘못을 인정하고, 상대방의 감정을 이해하는 데 도움을 줘요. 진심을 담은 사과로 친구와의 우정을 회복해 보세요!

1 친구의 이름으로 시작하기

편지의 첫 부분에 친구의 이름을 적어 주세요.
예) 사랑하는 혜린이에게

2 문제를 인정하기

내가 어떤 실수나 잘못을 했는지 생각해 보세요.
예) 네가 아끼는 물건을 망가뜨려서 미안해.

3 반성하기

잘못을 인정하며 뉘우치세요.
예) 더 신경 써서 조심히 다뤄야 했어.

4 사과하기

진심을 담아 미안함을 표현해 주세요.
예) 정말로 미안해. 내 실수로 널 속상하게 만들었잖아.

5) 상황을 설명하기

왜 그런 잘못을 했는지 간단히 설명해 주세요.
예) 노는 데 집중하다 보니 빌린 물건이라는 걸 잠시 깜빡했어.

6) 책임을 약속하기

잘못한 일을 어떻게 바로잡을지 말해 주세요.
예) 내가 잘못한 일이니 똑같은 장난감을 새로 사 주고 싶어.

7) 다짐하기

다시는 실수가 반복되지 않도록 노력할 거라는 약속을 하세요.
예) 앞으로는 이런 일이 없도록 정말 조심할게.

8) 용서 구하기

편지를 마무리하면서 친구에게 용서를 구해 보세요.
예) 나를 용서해 줄래? 너의 마음이 풀리길 기다릴게.

부탁하는 글쓰기

도와주게 만드는 부탁의 기술

부탁은 너무 하지 않는 것도,
자주 하는 것도 좋지 않아요.
'정말 도움이 필요할까? 내가 할 수 없는 게 맞나?'
하고 먼저 체크해 보세요.

우리는 살면서 종종 도움을 주고받아요. 무거운 짐을 함께 들거나, 대중교통을 탈 때 자리를 양보하거나, 이웃을 위해 물건을 기부하거나, 아픈 친구의 몫까지 대신 일하는 등 생각해보면 서로를 도울 일이 많답니다. 그런데 말이에요. 정작 부탁할 일이 생길 때는 주저하는 경우가 많아요. 상대방이 싫어할까 봐, 거절당할까 봐, 그래서 상처를 입을까 봐 걱정하죠.

살면서 혼자 할 수 있는 일은 별로 없어요. 내가 누군가에게 도움을 주었듯, 나도 다른 사람의 도움을 필요로 할 때가 있어요. 꼭 필요한 부탁이라면 가까운 친구에게 이야기해 보세요. 다만 너무 거리낌 없이 당연한 듯 도움을 요구하면 상대방은 불편함을 느낀답니다. 도움이 왜 필요한지 설명해야 해요. 그럼 친구도 기꺼운 마음으로 도와줄 거예요.

네? 사람의 마음을 움직이는 방법이 따로 있냐고요? 물론이에요. 부탁에도 기술이 있답니다! 선생님이 긍정적인 반응을 이끄는 다섯 가지 방법을 알려 줄게요.

첫째, 상대방에게 부담을 주어서는 안 돼요.

친구에게 부담을 주지 않는 분위기를 만들어 보세요. 사실 이건 선생님이 잘 쓰는 방법인데요. "이런 부탁을 해도 될지 모르겠는데, 너도 어려운 일이면 그냥 거절해도 돼." 하고 잔뜩 뜸을 들인답니다. 그럼 친구는 자신을 배려하는 마음을 느끼고 '정말 어려운 부탁만 아니면 들어주고 싶다.'라고 생각해요. 그리고 이야기를 다 듣고 난 후에는 "뭐 그리 어려운 일이 아닌데?" 하면서 자연스럽게 도움을 주게 된답니다.

둘째, 상대방을 화나게 만들면 안 돼요.

"너한테는 쉬운 일 아니야?", "이 정도도 못 도와줘?" 같은 말은 절대 하지 마세요. 그럼 상대방은 '내가 쟤를 왜 도와야 하지?'라는 생각이 들면서 부탁을 거절할 수 있어요. 즉, 부탁을 안 들어주면 나쁜 사람인 것처럼 몰아간다거나 상대방을 화나게 만드는 상황은 피하는 게 좋아요.

셋째, 너무 많은 걸 한꺼번에 다 부탁하지 마세요.

부탁할 일이 많다면 일단 한두 가지만 부탁해 보는 것이 좋아요. 사소한 부탁도 이것저것 책임질 게 많아지면 부담을 느끼기 마련이거든요. 그러니 마음을 느긋하게 갖고 여러 번 나누어 부탁하는 것도 좋은 방법이에요. 예를 들어 "잠깐 이 문제 좀 봐 줄 수 있어?", "이다음은 어떻게 푸는 게 좋을까?" 같은 식으로 차근차근 접근하면 상대방은 부담을 덜 느끼고, 충분히 도와줄 수 있는 일이라고 생각한답니다.

넷째, 혼자서 할 수 있는 일까지 모두 떠넘기지 마세요.

여러분의 노력을 보여 주는 게 중요해요. 아무것도 하지 않고, '네가 알아서 다 해 줘.'라는 식은 곤란해요. 그럼 상대방은 '내가 심부름꾼이야?'라는 마음이 들 수도 있어요. 부탁할 때는 최대한 성의를 보여 주면서 "내가 여기까지는 할 수 있는데, 이건 너의 도움이 필요할 것 같아."라고 말해 보세요. 그럼 최선을 다한 여러분의 모습을 보면서 기분 좋게 도와줄 거예요.

다섯째, 부탁을 들어줄 여유가 있는 사람에게 하세요.

부탁하기에 앞서 상대방이 부탁을 들어줄 여유가 있는지, 또는 관심이 있는지를 확인해 보세요. 만약 글쓰기에 관한 팁을 얻고 싶다면 수학을 잘하는 친구보다는 글쓰기 상을 받은 친구를 찾아가는 게 훨씬 더 효과적이겠죠? "넌 편지 쓰는 법도 잘 알 것 같아. 혹시 도와줄 수 있어?"라고 말이죠. 그럼 그 친구는 자기가 잘하는 분야에서 도움을 줄 수 있다는 생각에 적극적으로 도와줄 거예요.

어때요? 부탁하는 다섯 가지 방법을 잘 알아보았나요? 무언가를 부탁할 때는 상대방을 배려하는 것이 정말 중요해요. '내가 정말 필요하구나!'라고 느끼며 기꺼이 도와주고 싶다고 생각할 수 있도록요. 부탁할 때도 배려와 존중이 필요하다는 사실, 꼭 기억하세요! ✏️

스스로 해 보기

☆ 부탁은 친구가 한가로워 보이거나 쉬고 있을 때 하는 게 좋아요. 물론 편지도 친구가 여유 있는 순간에 전달하면 더 좋겠지요. 이렇게 친구를 배려하는 태도로 편지를 써 보세요.

1 인사하기

간단한 인사로 글을 시작해요.

예) 요즘 어떻게 지내? 늘 건강하고 행복하길 바라.

2 편지를 쓴 이유 설명하기

왜 부탁하는지 간단하게 설명해요.

예) 사실 이번 주에 중요한 과제가 있어. 혼자 하기엔 좀 어려운 과제라 너의 도움이 필요해.

3 상대방을 배려하기

친구가 부담을 느끼지 않게 하세요.

예) 네가 바쁠 수 있다는 걸 알아. 그래서 최대한 부담은 주지 않을게.

4) 도움의 결과 강조하기

상대방이 긍정적으로 받아들이도록, 도움을 주었을 때의 상황을 강조하세요.
예) 네가 이번에 도와주면 더 좋은 점수를 받을 수 있을 거야.

5) 고마움을 표현하기

서로의 관계가 변함없다는 것을 보여 주고, 고마운 마음을 표현하세요.
예) 만약 네가 도와줄 수 없다고 해도 괜찮아. 신경 써 준 것만으로도 정말
고마워.

6) 마무리하기

다시 한번 인사를 하며 마무리해요.
예) 그럼, 답 기다릴게!

축하하는 글쓰기
소소한 순간에 축하하는 연습하기

축하는 생일이나 입학, 졸업에서만
할 수 있는 게 아니에요.
언제 어디서나 나눌 수 있답니다.

'기쁨은 나누면 배가 된다.'는 말을 들어 보았나요? 기쁨을
함께할수록 더 행복해진다는 뜻이에요. 그래서 우리는 생일
같은 특별한 날에 친구들을 초대해서 함께 축하하기도 해요.

"네가 태어나서 정말 기뻐!"
"내 마음을 담은 선물이야!"

이렇게 마음을 주고받으면 그 기쁨을 더 오래 간직할 수 있어요. 친구들과 소중한 추억이 생겨 한층 사이가 가까워질 수 있는 거죠. 그래서 축하하는 일은 정말 중요해요.

하지만 축하는 꼭 대단한 일이 있을 때만 할 수 있는 게 아니에요. 사소한 일에도 할 수 있어요. 소소한 축하들이 모이면 기쁨은 몇 배로 커지고, 그만큼 관계가 돈독해질 수 있답니다.

여기서 질문! 생일이나 입학 말고도 어떤 '소소한 순간'에 축하의 말을 나눌 수 있을까요? 네? 특별히 떠오르는 날이 없는 것 같다고요? 친구에게 약간의 관심만 있으면 어떤 순간이든 축하할 수 있어요. 평소 친구의 말이나 행동을 유심히 살피면 돼요.

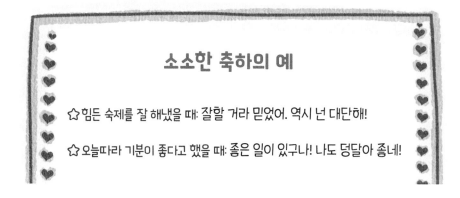

소소한 축하의 예

☆ 힘든 숙제를 잘 해냈을 때: 잘할 거라 믿었어. 역시 넌 대단해!

☆ 오늘따라 기분이 좋다고 했을 때: 좋은 일이 있구나! 나도 덩달아 좋네!

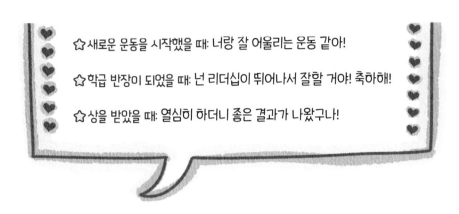

☆ 새로운 운동을 시작했을 때: 너랑 잘 어울리는 운동 같아!

☆ 학급 반장이 되었을 때: 넌 리더십이 뛰어나서 잘할 거야! 축하해!

☆ 상을 받았을 때: 열심히 하더니 좋은 결과가 나왔구나!

이처럼 무언가에 새롭게 도전하거나 작은 목표를 이룬 일이 있다면 축하를 나눌 수 있어요.

단, 축하할 때 빠뜨리지 말아야 할 것이 있는데요. 그건 바로 진심이랍니다! 친구의 기쁨과 행복을 진심으로 축하해 줄 수 있는지, 혹시 시기나 질투가 나지 않는지 곰곰이 생각해 보세요. 그리고 만약 축하할 마음이 들지 않는다면 가만히 있는 게 나아요. 마음에도 없는 말은 상대방에게 상처를 줄 수 있거든요. 축하의 말 대신 마음을 솔직하게 인정하고 친구에게 표현해 보세요. "사실 살짝 질투가 나. 나도 노력했는데 말이야."

그럼 친구도 그 마음을 이해해 줄 거예요. "진심으로 축하해 주고 싶은데, 마음이 복잡하구나. 나도 그런 기분이 들 수 있어."라고 공감하는 거죠. 이렇게 숨김없이 감정을 나누면 질투 같은 복잡한 감정도 자연스럽게 풀릴 수 있어요. 그다음에는 진심으로 축하할 마음이 생겨날 거예요. 여러분도 알다시피 거짓이 없는 대화는 서로의 관계를 더 깊게 만들어 주니까요. 축하하지 못하는 마음을 털어놓는 것도 하나의 축하 방식이라는 걸 기억하세요!

진심을 담아 축하하는 법

☆ 상대방의 입장에서 생각하기: 친구가 그 순간에 얼마나 기쁘고 좋을지 생각해 보세요.

☆ 진심을 담아 말하기: 축하하는 이유를 구체적으로 표현해 보세요. 축하의 이유가 분명할수록 진심이 잘 느껴지겠죠?

☆ 상대방의 반응을 존중하기: 친구가 때로는 겸연쩍게 반응할 수도 있어요. 그럴 때는 친구의 감정을 존중하고 조용히 응원해 주세요.

스스로 해 보기

☆ 축하하는 글을 쓸 때 가장 중요한 건 상대방이 느낄 기쁨을 더욱 크게 만드는 것이에요. 긍정적인 말을 쓰면서 진심으로 응원해 주세요.

1 따뜻한 인사로 시작하기

친근한 인사로 시작해 보세요.
예) 지유야, 안녕? 오늘은 특별한 날이야!

2 축하할 일 언급하기

무엇을 축하하는지 간단하게 설명하세요.
예) 글짓기 대회에서 상 탄 거 정말 축하해!

3 축하의 의미 설명하기

축하해야 할 이유와 그 중요성을 이야기하세요.
예) ① 상대방의 노력: 네가 열심히 한 결과야! 정말 대단해!
　　② 미래에 대한 가능성: 작가가 되는 길에 한 발짝 다가선 셈이잖아.

4 함께한 경험 이야기하기

친구와 함께한 순간이나 추억을 나누어 보세요.
예) 우리 함께 글짓기 했던 거 기억나? 사실 네 실력은 늘 샘이 날 정도였어.

5 나의 감정 표현하기

친구의 좋은 일이 나에게도 기쁨이라는 걸 표현하세요.
예) 네가 실력을 인정받은 것 같아서 나도 정말 기뻐.

6 미래를 축복하기

친구의 계획이나 꿈을 응원해 주세요.
예) 넌 훌륭한 작가가 될 거야! 너의 꿈이 꼭 이루어지길 바랄게!

7 마무리 인사하기

다시 축하하면서 마무리하세요.
예) 다시 한번 축하해! 언제나 널 응원할게!

거절하는 글쓰기
내키지 않는 부탁을 거절하는 방법

세계적 사업가들의 공통점 중 하나는
거절을 잘했다는 거예요.
이들은 중요한 일에 집중하기 위해
단호하게 거절할 줄 알았어요.

"나 숙제 좀 보여 줄래?"

"이것 좀 대신 해 줘."

"우리 학원 가지 말고 놀이터에서 놀까?"

이때 여러분들은 뭐라고 답하나요? 부탁을 들어주기 곤란하면서도 "어? 그래."라고 하는 경우가 많지 않나요? 무리한 부탁을 거절해야 하는 상황에서도 왜 이렇게 대답하는 걸까요?

1. 친구를 실망시키기 싫어서

2. 친구가 삐질까 봐 걱정돼서

3. 친구를 좋아하니까, 부탁은 다 들어주고 싶어서

맞아요. 특히 친하게 지내는 친구라면 더더욱 그럴 거예요. 사실 선생님도 부탁을 거절하지 못한 적이 많았답니다. 그 이야기를 하나 들려줄게요.

그 당시 저는 책을 쓰느라 눈코 뜰 새 없이 바쁜 하루를 보내고 있었어요. 출판사에 원고를 넘기기로 한 마감일이었거든요. 그런데 하필이면 그날 친한 친구에게서 전화가 왔어요.

"원국아, 나 부탁이 있는데 꼭 좀 들어줬으면 좋겠어."

선생님은 사실 어떤 부탁도 들어줄 여유가 없었어요. 머릿속에는 오직 책 내용과 마감일만 가득했거든요. 하지만 선생님은 친구의 부탁을 거절하지 못했어요. 간절히 부탁하는 친구의 목소리를 듣고 마음이 흔들린 거예요.

"응, 무슨 일이야? 잠깐 시간을 내 볼게."

그렇게 마감이 코앞인 글쓰기 작업도 멈추고 친구의 부탁을 들어주었어요. 돌이켜 보니 친구와의 관계가 틀어질까 봐 두려워서 그랬던 것 같아요. 하지만 내키지 않은 부탁을 들어주다 보니 친구에게 불만이 쌓이기 시작했어요. 친구와 함께 하는 시간이 즐겁지 않고 오히려 부담스럽게 느껴졌어요. 그렇게 점점 사이가 멀어지게 되었답니다. 여러분도 선생님과 비슷한 경험을 겪을 수 있어요.

처음에는 "잠깐만 나 좀 도와줘." 하던 친구가 나중에는 "이것 좀 네가 대신 해 줘." 하고 부탁해 올 수 있어요. 그리고 그 부탁이 계속 쌓이면 함께 지내는 게 부담스러워지고, 친구와의 관계에서 지쳐 갈 수밖에 없죠. 속상한 마음을 그대로 두면 언젠가 큰 싸움이 일어날 수도 있답니다.

부탁을 거절하면 이기적인 사람이라고 생각할까 봐 걱정된다고요? 어쩌면 그럴 수 있겠지요. 하지만 여러분이 알아야 할 중요한 사실은 내 삶은 친구만을 위한 게 아니라는 거예요. 친구란 서로 도와주고 지지하는 관계지만, 그 과정에서 자신의 행복도 소홀히 하지 않아야 해요. 자신을 잘 돌보면서 친구와의 관계를 소중히 여기는 방법을 찾아야 해요.

여러분, 일론 머스크와 같은 세계적 사업가들이 잘하는 일 중 하나가 무엇인 줄 아세요? 바로 '거절하기'라고 해요. **거절은 내 소중한 시간과 생활을 지켜 줘요.** 내가 좋아하는 것과 해야 하는 것에 집중할 수 있게 해 주는 중요한 역할을 한답니다.

때로는 친구와 자신을 위해서라도 거절을 해 보는 게 어떨까요? 그렇다고 무조건 "안 돼", "싫은데?"라는 말 한마디로 끝내지 마세요. 일단 친구의 말을 귀담아들어 보세요. 아무리 무리한 부탁이라고 해도 중간에 끼어들지 않고 끝까지 듣는 게 중요해요. 그럼 친구는 '내 의견을 소중히 여기는구나.'라고 느낄 거예요. 그리고 나는 그 부탁이 얼마나 중요한지 알 수 있어서 더 나은 답을 하게 돼요. "숙제를 보여 주고 싶긴 한데, 똑같이 따라 하는 것보다는 혼자 하는 게 더 좋을 거 같아. 다음엔 내가 도와줄게!"라는 식으로 말이죠. **친구를 아끼고 사랑하는 마음을 담아 정확하고 부드럽게 거절해 보세요.** 서로의 마음을 이해하게 되어 관계를 더 건강하게 발전시킬 수 있답니다. ✏️

☆〈거절하는 편지〉를 쓸 때는 상대의 감정을 존중하는 마음을 담는 것이 중요해요. 서로의 입장을 생각해 보면서 좋은 관계를 만들어 보세요.

1 친절한 인사로 시작하기

친구의 이름으로 시작해 보세요.
예) 태민아, 안녕? 네가 한 부탁 잘 들었어.

2 고마움을 표현하기

친구의 부탁에 대해 고마움을 표현하세요.
예) 나에게 도움을 요청해 줘서 고마워.

3 친구의 감정 존중하기

친구의 상황을 이해한다는 것을 전하세요.
예) 이 부탁이 너에게는 정말 중요한 일일 거야.

4 미안함을 표시하기

친구가 상처받지 않도록 자신의 결정에 대한 미안함을 표시하세요.
예) 이렇게 거절해서 미안해.

5) 거절하는 이유를 설명하기

왜 부탁을 들어줄 수 없는지 간단하고 솔직하게 설명하세요.
예1) 지금은 고민이 많은 시기라서 다른 일을 할 수 없을 것 같아.
예2) 요즘 많이 바빠서 도와줄 시간이 없어.

6) 대안을 제시하기

친구를 배려하는 마음으로 도움이 되는 다른 방법을 제시하세요.
예) 다른 친구도 너를 도울 수 있을 거야. 아니면 다른 방법이 있는지 찾아볼게.

7) 감사와 이해를 전달하기

나의 거절을 받아들인 친구에게 고마운 마음을 표현하세요.
예) 날 이해해 주면 정말 고마울 것 같아.

8) 따뜻하게 마무리하기

친구와의 관계를 유지하고 싶다는 뜻을 밝히면서 마무리하세요.
예) 다음에 더 좋은 시간 보내자!

함부로 하는 친구에게
못된 말을 하지 못하도록 설득하기

함부로 하는 상대방을 마주하는 건
무척 어려운 일이에요.
하지만 불만을 드러내지 않으면
문제가 해결되지 않아요.

누구나 한 번쯤은 친구에게 무례한 말을 들을 때가 있어요.

"너 옷 스타일이 정말 별로야."

"너랑 노는 건 재미없어!"

"저리 가. 너 때문에 기분이 엉망이야."

이럴 때 여러분은 어떻게 반응하나요? 대부분은 친구의 말
에 당황하거나 상처를 받을 거예요. 그러다 '내가 참아야지.'

하며 넘겨 버릴 때가 많겠지요. 그때를 다시 떠올리니 가슴에서 화가 치밀어 오르는 것 같다고요? 친구에게 제대로 말 한마디 꺼내지도 못한 자신이 밉고, 만만하게 보인 것 같아 속상하다고요? 네, 그럴 수 있어요.

그럼 이럴 땐 어떻게 해야 할까요? 화를 내거나 주먹다짐을 해야 할까요? 사실 그건 상황을 더 나쁘게 만드는 최악의 행동이에요. 상대방은 속으로 '좋아! 걸려들었다.' 하며 반응을 즐길 수도 있어요.

정신과 의사 말에 따르면, 함부로 행동하는 사람들은 자신의 기분이 좋지 않을 때 남들에게도 나쁘게 행동하는 경우가 있다고 해요. 다시 말해, 자기 기분이 나쁘다고 다른 친구에게 화를 내거나 심술을 부린다는 거예요. 또 어떤 사람들은 남들이 힘들어하는 모습을 보면서 '내가 더 강해!'라는 느낌을 얻으려 한다고 해요. 불쾌함을 느끼고 얼굴이 빨개지는 모습, 숨을 거칠게 쉬는 모습, 고개를 떨구는 모습 등을 보면서 스스로 위로하며 자신감을 높이는 거죠.

무례한 사람을 만났을 때 현명하게 대처했던 사람을 알고 있는데요. 바로 인도의 지도자 '마하트마 간디'랍니다. 간디가 영국에서 유학 생활을 할 때의 이야기예요. 당시 인도는 영국의 식민지였고, 간디는 인도에서 왔다는 이유로 영국 사람들에게 무시를 당했어요. 특히 한 대학교수에게 심한 차별을 받곤 했답니다. 그러던 어느 날, 간디는 학교 식당에서 그 교수와 마주 앉게 되었어요. 교수는 간디에게 이렇게 말했답니다.

"돼지와 새는 한자리에서 밥을 먹을 수 없다네."
간디는 돼지이고, 자신은 새라는 뜻으로 서로 다른 신분의 사람이 어울릴 수 없다는 의미였어요. 이 말에 간디는 큰 상처를 받았지만 화를 내거나 싸우지 않았어요. 대신 아주 재치 있게 새의 날갯짓을 하며 이렇게 답했답니다.
"그러면 제가 다른 자리로 날아가겠습니다."
이 말 한마디로 간디는 새가 되고, 교수는 돼지가 되어 버렸죠.

며칠 후, 교수는 간디에게 당한 일을 앙갚음하기로 마음먹었어요. 그래서 간디를 불러 이렇게 질문했지요.

"자네는 지혜와 돈 보따리 중 하나를 고르라면 무엇을 선택하겠나?"

간디가 돈 보따리를 선택하겠다고 답하자, 교수는 비웃음을 띠며 이렇게 말했어요.

"학생이 지혜보다 돈을 더 밝히는군. 역시 가난한 나라에서 온 청년답네. 나라면 지혜를 챙길 텐데 말이야, 쯧쯧."

그러자 간디는 이번에도 얼굴을 붉히지 않고 차분하게 답했답니다.

"네, 누구나 자신에게 부족한 걸 취하는 법이지요."

간디는 교수에게 지혜가 부족하다는 점을 지적하며 침착하게 대처했어요. 결국 교수도 자신의 잘못을 인정하고 사과했죠. 꼭 간디처럼 할 필요는 없지만, 여러분을 함부로 대하는 친구에게 휘둘리지 않아야 해요. 그래야 자신을 지키고 문제를 해결할 수 있답니다.

✿ 친구에게 편지를 쓰기 전에 자신의 감정을 정리해 보세요. 친구의 입장에서 '왜 그런 행동을 했을까?'도 생각해 보세요. 그럼 더 효과적으로 마음을 전달할 수 있어요.

1 친절한 인사로 시작하기

친구의 이름으로 시작해 보세요.
예) 지유야, 안녕?

2 상황 설명하기

어떤 일이 있었는지 구체적으로 설명하세요.
예) 지난주에 네가 나한테 멍청이라고 말했던 거…….

3 자신의 마음 표현하기

그 상황에서 느낀 감정을 솔직하게 표현해 보세요.
예) 그 말 때문에 정말 속상하고 기분이 나빴어.

4 잘못한 점 짚어 주기

친구의 행동이 나에게 어떤 영향을 미치는지 설명하세요.

예) 너는 그냥 농담이라고 생각할 수 있겠지만, 그런 말은 다른 사람에게 상처를 줄 수 있어.

5 행동을 고쳐야 하는 이유 설명하기

친구의 입장에서 조언해 주세요.

예) 그런 말을 자주 한다면 아무도 너와 친구 하지 않을 거야.

6 친구에게 제안하기

부드럽게 부탁하면서 친구 관계를 유지하고 싶다는 의사를 표현하세요.

예) 앞으로 그런 말을 하지 않았으면 좋겠어. 나는 너랑 좋은 친구 사이가 되고 싶거든.

7 마무리하기

긍정적인 메시지로 마무리하세요.

예) 편지를 보고 내 마음을 이해해 주면 좋겠다.

★ 처음 시작은 누구나 어렵다. ★ 걸음마를 배울 때도
★ 글 쓰는 일에 미리 겁먹지 말자. ★ 야자야자 파이팅!
★ 글쓰기도 마찬가지다. ★ 안 써 봐서 어려운 거다. ★
시작은 누구나 어렵다. ★ 걸음마를 배울 때도 그렇다.
는 일에 미리 겁먹지 말자. ★ 야자야자 파이팅! ★ 처음
쓰기도 마찬가지다. ★ 안 써 봐서 어려운 거다. ★ 글 쓰
은 누구나 어렵다. ★ 걸음마를 배울 때도 그렇다. ★ 글
에 미리 겁먹지 말자. ★ 야자야자 파이팅! ★ 처음 시작
도 마찬가지다. ★ 안 써 봐서 어려운 거다. ★ 글 쓰는 일
구나 어렵다. ★ 걸음마를 배울 때도 그렇다. ★ 글쓰기
리 겁먹지 말자. ★ 야자야자 파이팅! ★ 처음 시작은 누
★ 글 쓰는 일에
다. ★ 글쓰기도 마
처음 시작은 누구나
쓰는 일에 미리 겁

☆ 인터넷 글쓰기
☆ 조심해! 한번 내뱉은 말은
　주워 담을 수 없어
☆ 악플이 달렸다고?

3장

SNS로 소통하고 싶어요!

인터넷 글쓰기
일반적인 글쓰기와 다른 점은?

인터넷에서 글을 쓸 때
친구들이 읽고 좋아할 만한 내용이
무엇인지 생각해 보세요.

우리 생활에서 인터넷은 큰 비중을 차지해요. 요즘은 정보를 검색하는 일부터 쇼핑하기, 영상 보기 등 모든 걸 스마트폰 하나로 뚝딱 해결하죠. 또한 놀이터에 모여 노는 대신에 단체 대화방을 만들어 이야기하고, 친구들을 집에 초대하는 대신에 SNS에 일상 사진을 공유하기도 해요. 이런 이유로 인터넷을 활용한 소통은 너무나 자연스러운 일이 되었답니다.

그런데 말이에요. 인터넷 글쓰기는 일반적인 글쓰기와 조금 달라요. 하고 싶은 말을 자유롭게 적는 것도 괜찮지만, 친구들이 원하고 필요로 하는 내용을 올리는 게 정말 중요해요. 인터넷 글쓰기는 친구와 소통하기 위한 목적으로 쓰기 때문이죠.

선생님은 처음 인터넷 글쓰기를 할 때 웃긴 글을 많이 올렸어요. 사람들이 인터넷을 통해 즐거움을 찾고 스트레스를 해소한다고 생각했거든요. 결과는 어땠을까요? 예상대로 반응이 폭발적이었어요. '좋아요'를 어찌나 많이 누르던지! 댓글도 '정말 웃겨요!', '스트레스가 날아가네요!'와 같은 칭찬으로 가득했답니다. 어떤 이야기인지 궁금하다고요? 그럼 머리도 식힐 겸 하나를 소개해 볼까요?

전주에 있는 공용 화장실에 간 적이 있어요. 그 화장실은 저녁 7시에 문을 닫더라고요. 제가 도착했을 때 관리하는 분이 화장실 문을 잠그고 있었어요. 다행히 제가 용무가 있다는 걸 알아차리고, 화장실을 사용하라고 허락해 주었답니다. 하지만 저는 급한 와중에도 이런 걱정이 되었어요.

'내가 빨리 나올 거라 생각할 텐데, 시간을 끌면 안 되는 거 아닌가?'

이 내용을 SNS에 딱 세 줄로 축약해 썼어요. 사람들은 긴 이야기보다 짧은 이야기를 좋아한다는 판단을 했기 때문이었죠.

> 전주 공용 화장실에 갔다. 관리하는 분이 벌써 문을 닫고 있었는데, 일그러진 내 얼굴을 보고 얼른 들어가라고 했다. 그래서 나는 이렇게 물었다. "똥도 돼요?"

어때요? 시시껄렁한 이야기 같지만 읽는 사람에게 웃음과 공감을 주기에 알맞지 않나요? 인터넷 글쓰기는 사람들이 좋아할 만한 이야기를 올리는 게 좋아요. 꼭 웃긴 글이 아니어도 괜찮아요. 새로운 정보나 감동적인 이야기를 다루는 것도 좋은 방법이에요.

이때 여러분이 명심해야 할 것이 있어요. SNS는 뽐내기 위한 장소가 아니랍니다. 잘난 척만 하면 소통하기가 어려워져요. 사람들이 원하는 내용이 아니거든요. 친구와 얼굴을 보고 이야기하듯 '내 글에서 도움이 되는 것이 무엇일까?', '좋아하는 이야기가 무엇일까?'를 생각해 보세요. 그러면 내가 쓴 글을 보고 '정말 재밌다!', '나도 공감해.'라는 반응을 끌어낼 수 있답니다. ✏️

소통을 위한 인터넷 글쓰기 예

☆ 알아 두면 좋은 정보
예) 100점 맞는 국어 공부법, 맛있게 라면 끓이는 법

☆ 흥미로운 사실
예) 대한민국에 왜 김씨 성이 많을까요?

☆ 감동적인 이야기
예) 따뜻한 배려로 코끝이 찡해지는 이야기

☆ 함께 하는 퀴즈나 토론
예) MBTI 유형 중 어디에 해당하나요?

조심해! 한번 내뱉은 말은 주워 담을 수 없어
아무도 상처받지 않는 글쓰기

쏟아진 쌀은 주워 담을 수 있어도
쏟아 놓은 말은 주워 담을 수 없답니다.

선생님이 흥미롭게 본 신문 기사를 하나 소개할게요.

최근 인기 가수 A를 둘러싼 충격적인 소식이 전해졌습니다. 학창

시절 친구들을 괴롭혔다는 사실이 드러난 것인데요. A는 화가 나면

친구들에게 심한 폭언을 퍼붓거나 주먹질하였다고 합니다. 당시 피

해를 입은 친구들의 폭로가 이어지고 있습니다.

A는 그런 사실이 없다고 잡아뗐지만, 꼼짝없이 증거가 드러나고

말았습니다. 학창 시절 자신의 행동을 자랑스럽게 올린 글이 인터넷에 남아 있었던 겁니다. 더 이상 변명할 여지가 없던 A는 결국 고개 숙여 사죄했습니다.

여러분은 이 기사를 보면서 어떤 생각이 들었나요? 맞아요. 한번 내뱉은 말은 되돌릴 수 없어요. 특히 남들이 잊었으면 하는 부정적인 이야기나 나쁜 말은 더 오래 남는답니다. 실제 신문 기사를 봐도 그래요. 신문 기사 가운데 조회 수가 높은 건 대부분 말실수나 다툼에 관한 거예요. 반면 '난민에게 기부했다.'라거나 '새 앨범이 나왔다.' 같은 긍정적 기사는 상대적으로 관심을 덜 받아요. 부정적인 이야기나 논란거리가 사람들의 흥미를 돋우기 쉽거든요.

우리는 항상 말과 행동을 조심해야 해요. 말과 행동은 기록으로 남아요. 특히 인터넷에 올라온 글은 영원히 남는답니다. 그렇다면 인터넷에서 글을 쓸 때는 무엇을 주의해야 할까요? 사실 간단해요. 글을 쓸 때마다 마음속으로 아래의 문장을 되새겨 보는 거예요.

무심코 쓴 글이 누군가의 마음을 상하게 할 수도 있고, 큰 상처를 줄 수도 있다.

자신의 의견을 표현하는 것도 좋지만 그보다 더 중요한 건 상대방을 존중하며 배려하는 마음이에요. 예를 들어 인터넷에서 '통통한 내 짝꿍'이라고 소개했을 때, 그 친구는 '날 돼지라고 놀리는 건가?'라고 느낄 수 있어요. 내가 그렇게 의도하지 않았더라도, 친구를 걱정해서 한 말일지라도, 그 친구는 불쾌하게 받아들일 수 있답니다.

그러니 상대방의 입장에서 한 번 더 생각해 보세요. '무심코 던진 돌에 개구리가 맞아 죽는다.'는 말처럼 생각 없이 한 말이 누군가에게는 상처가 될 수 있거든요. '이 글을 읽으면 어떤 기분일까?', '혹시 내 뜻과 다른 생각을 하게 될까?'라고 스스로에게 묻는 거죠.

그리고 마지막으로 한 번 더 내가 쓴 글을 확인해 보세요. 내용이 잘 전달되었는지, 오해를 불러일으킬 만한 부분은 없는지 살펴보아야 해요. 필요하다면 다른 사람에게 읽어 봐 달

라고 부탁하는 것도 좋은 방법이에요. 인터넷 글쓰기는 정말
신중해야 한답니다. 🖊️

인터넷에서 해서는 안 될 말

☆ 욕: 다른 사람을 나쁘게 말하기
예) 쟤는 바보 같아.

☆ 인신공격: 외모나 성격을 놀리기
예) 고릴라처럼 생겼잖아?

☆ 거짓말: 사실이 아닌 가짜 뉴스 퍼트리기
예) 그 사람이 학교 폭력 주동자래.

☆ 사생활 공개: 다른 사람의 비밀이나 개인 정보 공개하기
예) 쟤 누구랑 사귀는지 알아? 김**이래!

☆ 혐오 표현: 편견이나 선입견을 만드는 말하기
예) **지역 사람들은 도둑질을 잘한대.

☆ 인터넷 글은 신중하게 써야 해요. 누군가 내 글을 보고 상처 입을 수도 있어요. 연습을 통해 말 한마디도 긍정적으로 사용하는 습관을 길러 보는 건 어떨까요?

부정적인 말을 배려하는 말로 바꾸는 연습을 해야지.

부정적인 말 너무 못생겼어.
배려하는 말 예) 너만의 개성이 있어서 매력적인걸!

부정적인 말 멍청하긴.
배려하는 말 예) 착하고 순해.

부정적인 말 너 정말 별로야.
배려하는 말 예) 다음에는 더 멋진 모습을 보여 줘!

부정적인 말 네가 쓴 글은 재미없어.
배려하는 말 예) 너의 생각이 궁금해. 조금 더 써 봐!

부정적인 말 이것도 못하냐?
배려하는 말 예) 조금만 더 도전해 봐. 응원할게!

부정적인 말 옷이 촌스럽네.
배려하는 말 예) 취향은 다르지만 너랑 딱 어울려.

부정적인 말 아무도 안 좋아할걸?
배려하는 말 예) 넌 소중해. 자신감을 가지고 계속해 봐!

부정적인 말 이게 뭐야? 뭘 만든 거야?
배려하는 말 예) 도전이 정말 멋져. 다음에는 분명 더 발전할 거야!

악플이 달렸다고?
반응하지 않기

악플의 '악'은 악할 악(惡)에서 온 것이에요.
따라서 악플은 다른 사람에게
상처를 주는 '나쁜 댓글'을 의미해요.

선생님이 방송에 나가거나 인터넷에 글을 쓰고 나면 꼭 하는 다짐이 있어요. 그건 뭘까요? '반응하지 말자.'예요. 선생님에게 꼭 악플을 다는 사람이 있거든요. 선생님은 악플을 보면 심장이 두근거리고 얼굴이 뜨겁게 달아올라요. 자신감도 떨어지고요.

'정말 재미없어. 시간 낭비네.'
'이런 건 누구도 관심 없어.'

이런 악플이 달린다면 누구라도 상처받지 않겠어요?

선생님은 오래전 가까운 친구에게 악플이 달리는 일을 하소연한 적이 있어요. 그런데 말이에요. 사실 그 친구는 선생님보다 더 많은 악플을 받아 본 경험이 있었답니다. 우스갯소리로 "욕을 하도 먹어서 배가 부르겠다."고 할 정도였지요. 어떻게 악플을 보고도 평정심을 유지할 수 있는지 궁금해 친구에게 도움을 요청했던 거예요.

"넌 괜찮아? 그 많은 악플을 보고도 힘들지 않다니 신기해."

그러자 친구가 이렇게 말하더군요.

"난 악플을 소음이라고 생각해. 그 소음에 휘둘리면 내가 하고 싶은 일에 집중할 수 없잖아? 그러니 반응하지 않는 거지."

선생님은 그 말을 듣고 큰 깨달음을 얻었어요.

1. 악플은 자기 글을 봐 달라고 소리치는 것과 같다. 마치 누군가 시끄럽게 떠들어 주목을 받으려는 것과 비슷하다.

2. 무시하면 악플을 단 사람은 내가 자기 글에 관심이 없다는 걸 알게 된다. 그럼 더 이상 악플을 달지 않을 가능성이 높아진다.

선생님은 그 이후로 악플을 신경 쓰지 않기로 했답니다. 아니 저절로 신경을 쓰지 않게 되었어요. 대신 선생님을 칭찬하는 댓글이나 응원하는 댓글에 집중했어요. 그러다 보니 자신감도 생기고, 더 열심히 해야겠다는 다짐도 하게 되었답니다. 무엇보다 칭찬과 응원의 힘으로 활발한 활동을 펼칠 수 있었어요. 전국을 돌아다니면서 강연도 하고 계속해서 글쓰기 책도 냈어요.

이제 악플을 무시하는 게 왜 좋다고 말하는지 알겠죠? '반응하지 않기'는 나 자신을 지키는 가장 **평화적인 방법**이자 **똑똑한 방법**이에요. 악플을 무시하는 게 말이 쉽지, 하루아침에 되냐고요? 하하하, 충분히 공감해요! 특히나 여러분은 아직 마음이 여물지 않아서 악플에 더 민감할 수 있어요. 그럼 다음과 같은 방법을 시도해 보세요.

1. 댓글을 차단하거나 인터넷을 잠깐 멈추기
2. 좋아하는 취미 생활을 하면서 기분을 달래기
3. 믿을 수 있는 친구나 가족에게 털어놓기
4. 악플을 단 사람이 문제일 수 있다고 생각하기

이런 연습을 자꾸 하다 보면 악플을 소음처럼 흘려보내게 될 거예요! ✏️

악플을 다는 사람의 심리

악플을 다는 사람은 스스로 문제를 가지고 있어요. 이들을 조사해 본 결과, 자신에 대한 콤플렉스와 스트레스를 악플로 풀었다고 해요. '종로에서 뺨 맞고, 한강에서 눈을 흘긴다.'는 속담처럼 엉뚱한 데서 화풀이하는 것이죠.

이것을 심리학 용어로 '방어 기제'라고 하는데요. 자신을 지키기 위해 무의식적으로 불안이나 스트레스를 다른 사람에게 떠넘기는 행동을 말해요.

즉, 악플은 내 문제가 아닌 그 사람의 문제인 거예요. 그러니 굳이 상처받고 괴로워할 필요가 없답니다.

☆ 글쓰기를 함께 하면 좋은 점은?
☆ 따로 또 같이 써 보자
☆ 친구와 함께 이야기 만들기

4장
친구와 비밀 나누기!

글쓰기를 함께 하면 좋은 점은?

추억도 쌓고, 실력도 쌓고

친구와 함께 글쓰기를 게임처럼 즐겨 보세요.
글쓰기가 더 즐거워지고,
실력도 늘어날 거예요.

영국의 한 신문사에서 재미있는 퀴즈를 낸 적이 있는데요. 선생님이 문제를 낼 테니 여러분도 한번 맞춰 보세요.

"영국 맨체스터에서 런던까지 가장 빨리 가는 방법은 무엇일까요?"

대한민국으로 따지면 서울에서 대구까지 가장 빨리 가는 방법이라고도 할 수 있겠네요. 이 퀴즈에는 무려 1만 파운드, 한국 돈으로는 대략 2천만 원 정도의 상금이 걸렸어요. 어마

어마하지 않나요? 정답만 맞으면 2천만 원을 벌 수 있는 거예요. 그래서 일반 사람들은 물론 각 분야 전문가들이 모여 열띤 경쟁을 벌였어요. 그 결과 비행기, 자동차, 오토바이 등 다양한 교통수단을 활용한 방법부터 지름길을 측정해 교통수단을 갈아타는 방법까지 수많은 답이 제시되었다고 해요. 하지만 심사 위원들은 이러한 방법이 제대로 된 정답은 아니라고 했어요.

그러다 드디어 정답이 나왔는데요. 누구라도 답을 들으면 고개를 끄덕일 수밖에 없다고 해요. 그건 바로 '좋은 친구와 함께 가는 것'이었어요. 친구와 함께라면 힘든 순간도 잘 버텨 낼 수 있잖아요. 또 서로 머리를 맞대어 더 나은 길을 찾게 될 수도 있고요. 지칠 땐 응원을 해 주며 우정을 쌓을 수도 있답니다. 어때요? 가장 간단하면서도 효과적인 방법 같지 않나요?

선생님이 이 이야기를 왜 꺼냈을까요? 글을 쓸 때도 친구와 함께 하면 더 좋다는 것을 강조하기 위해서예요. 흔히 글쓰기는 혼자 하는 거라고 생각하지만, 꼭 그런 것만은 아니에요. 같이 글을 쓰면 훨씬 더 재미있고 많은 도움을 얻게 된답니다.

선생님도 청와대에서 일하며 동료들과 함께 글쓰기를 한 적이 있어요. 정치·경제·사회·외교 분야의 전문가들이 각자 글을 쓴 뒤, 서로 그 글을 더 좋게 고쳐 주기로 한 거예요.

그때 선생님은 평소보다 더 열심히 글을 썼어요. 만약 대충 써낸다면 동료들이 선생님 몫을 대신 하느라 힘들어질 거라고 생각했거든요. '내가 잘 못 쓰면 동료들의 시간과 노력을 뺏는 거야.'라는 마음이었어요. 그래서 글을 쓰고 난 후에도 계속해서 고치고 또 고쳤어요. 제가 열심히 쓴 글을 동료들도 꼼꼼히 보았고, 도움이 될 만한 조언도 아끼지 않았어요. 이렇게 여러 사람의 아이디어가 모여 멋진 대통령 연설문이 탄생할 수 있었답니다.

그 후 대통령의 연설문은 큰 화제가 되었어요. 글에 담긴 메시지가 사람들의 마음을 움직였고, 어려움을 헤쳐 나간 용기를 불러일으켰거든요. 이렇듯 함께 글을 쓰는 것은 효과가 정말 크답니다.

함께 글을 쓰면 친구의 응원을 받아 더 열심히 쓸 수 있고, 서로의 생각을 나누며 좋은 결과물을 만들 수 있어요. 여러분도 친구와 서로를 응원하며 글쓰기 실력을 쌓아 보세요. 그 과정에서 완성된 글은 시간이 지나도 소중한 추억을 담은 특별한 기록이 될 거예요. 벌써부터 친구와 함께 글을 쓰고 싶다고요? 그럼 선생님이 몇 가지 방법을 알려 줄게요!

★☆☆ 글쓰기 초급자에게 추천

1. 말하면서 고칠 점을 찾는 방법:

한 명은 말하고 한 명은 들어요.

① 한 친구가 이야기하기
한 친구가 글의 주제에 대해 이야기하세요. 이때 다른 친구는 이야기를 집중해서 들으세요.

② 고칠 점 발견하기
이야기를 들은 친구가 고칠 점을 말해 주세요.

③ 자신의 글을 수정하기
친구에게 들은 고칠 점과 이야기를 하면서 느꼈던 보완할 점을 종합하여 글을 수정하세요.

④ 역할 바꾸기
이제 서로의 역할을 바꾸어 앞의 방법을 다시 한번 반복해 보세요.

2. 칭찬을 주고받으면서 쓰는 방법:

한 명씩 돌아가며 친구의 글을 칭찬해요.

① 친구가 쓴 글을 읽고 칭찬해 주세요.

"이 부분이 인상적이었어!"

"이 표현은 정말 훌륭해!"

② 한 친구의 칭찬이 끝나면 다른 친구의 글도 칭찬해 주세요.

③ 모든 친구의 칭찬이 끝나면 좋은 점을 다시 이야기하며 서로 격려해
주세요.

3. 역할을 나누어 쓰는 방법:

글을 나눠 쓴 뒤 하나로 합해요.

① 주제 정하기: 함께 쓸 글의 주제를 정하세요.

② 역할 분담하기: 시작, 중간, 끝을 나누고 각자 맡을 부분을 정하세요.

③ 각자 맡은 부분을 작성하기: 글을 쓰면서 생각이 나지 않으면 다른
친구에게 아이디어를 받아도 좋아요.

④ 연결하기: 각자 쓴 글을 모여서 함께 읽고 연결할 부분을 다듬어요.

⑤ 결과물 완성하기: 완성된 글을 읽고 고쳐야 할 점을 말하세요.

4. 글 하나를 놓고 비평하는 방법:

★◐☆ 글쓰기 초중급자에게 추천

어린이 잡지나 신문을 읽고 의견을 나누어요.

① 글 준비하기: 잡지나 신문에 실린 글 하나를 선택하세요.

② 함께 읽기: 각자 한 문단씩 차례로 읽으세요.

③ 의견 내기: 글을 읽고 각 문단에 대한 의견을 나누세요.

　　예) "이 문단에 이런 내용이 들어가면 더 흥미로울 것 같은데?"

　　　　"여기 설명이 너무 부족해. 우리가 더 써 보자."

④ 정리하기: 모든 의견을 정리해 함께 글을 고쳐 보세요.

5. 여럿이 창작하는 방법:

★★★ 글쓰기 고급자에게 추천

각자가 하나의 주제를 가지고 글을 쓴 다음 내용을 합해요.

① 주제 정하기: 하나의 주제를 정하세요.

② 각자 글쓰기: 각자의 생각이나 경험을 바탕으로 글을 쓰세요.

③ 글 모으기: 각자 쓴 글을 모두가 이해할 수 있도록 읽어 보세요.

④ 좋은 부분 추리기: 쓴 글에서 가장 좋았던 부분을 선택하세요.

⑤ 연결하고 합치기: 추린 부분을 자연스럽게 연결해 보세요.

⑥ 최종 점검하기: 완성된 글을 읽고 고쳐야 할 점을
　　　　　　　　이야기하세요.

따로 또 같이 써 보자
비밀 일기장

비밀 일기장을 기록하면서
특별한 이야기를 만들어 보세요.
여러분의 우정이 더욱 깊어진답니다.

'쉿! 비밀이야.'
'이건 너한테만 말하는 건데…….'

이런 말을 들어 본 적 있나요? 비밀을 털어놓을 때는 굉장한 용기가 필요해요. 동시에 상대방에 대한 굳건한 믿음도 있어야 하죠. 그래서 우리는 '날 소중히 여기고, 가장 믿음이 가는 친구'에게 비밀을 털어놓게 된답니다. 그러면 친구 역시 '나도 너를 믿고 있어.'라고 답해 줄 수 있어요.

"나에게 마음을 열어 줘서 고마워."

"날 특별하게 생각하는구나. 나도 비밀을 털어놓고 싶어."

비밀을 나누는 것은 우정의 깊이를 더해 줄 뿐만 아니라 서로 더 가까워진 듯한 느낌을 준답니다. 말하지 않아도 마음을 알 수 있고, 어떤 상황에서도 힘이 되어 줄 거라는 믿음이 생겨요.

소중한 순간들을 더 의미 있게 간직하는 방법이 있는데요. 그건 바로 비밀 일기장을 만드는 거예요! 친구와 겪은 특별한 순간과 감정을 일기로 기록하는 것이죠. 둘만 아는 비밀, 함께한 모험, 미래의 꿈을 적어 보세요. 일상생활에서 느꼈던 소소한 즐거움을 적어도 괜찮아요. 학교에서 스트레스를 받았던 일이나 힘든 순간을 친구에게 털어놓을 수도 있어요.

비밀 일기장 예시

제목: 우정을 담은 쿠키

일기: 네가 직접 만든 쿠키 잘 먹었어! 한입 베어 문 순간, 깜짝 놀라 눈이 동그래졌지 뭐야. 정말 부드럽고 달콤했거든. 마치 우리 우정을 맛보는 듯한 느낌이었달까. 닭살 금지! 네가 이렇게 맛있는 쿠키를 만들 줄이야. 세상 오래 살고 볼 일이다. 하하하. 앞으로도 이런 우정을 종종 느끼게 해 줘. 알겠지? 물론 나도 맛있는 걸 만들면 너와 나눌게! 우리의 우정이 영원히 쿠키처럼 달콤하길…….

답장: 닭살 금지라고 했지만, 이미 닭이 된 듯한 느낌이야. 이 글을 쓰면서도 웃음이 나온다. 헤헤. 아무튼 쿠키를 잘 먹었다니 정말 기뻐. 네가 만드는 우정의 맛은 어떨지 너무 궁금하다. 참고로 매운맛은 금지야!

이렇게 그때의 순간을 기록해 두면 시간이 흘러도 오래도록 기억을 간직할 수 있어요. 글은 동영상이나 사진보다 훨씬 더 깊은 감정과 생각을 담을 수 있거든요.

참, 함께 일기를 쓸 때 알아 두어야 할 점이 하나 있어요. 어떤 주제를 선택해 글을 쓰느냐보다 그 주제를 통해 두 사람만의 이야기를 만들어 가는 과정이 더 중요하다는 점이에요. 여러분의 우정을 빛나게 하는 건 이야기 안에서 나누는 생각과 감정이거든요. 서로 솔직하게 대화를 하다 보면 마음의 거리가 가까워지기 마련이지요. 친구와 함께 다양한 이야기를 나누며 우정을 더 깊고 단단하게 만들어 보세요!

비밀 일기장 쓰는 방법

☆ 일기장은 둘 다 마음에 드는 것으로 선택하기!

☆ 서로의 비밀을 남에게 절대 공개하지 않기!

☆ 일기 쓰는 날짜와 시간을 정하기!

☆ 좋은 일이든 힘든 일이든 무조건 솔직하게 표현하기!

☆ 상대방의 일기를 읽고 공감해 주기!

스스로 해 보기

☆ '비밀 일기 쓰기'는 서로의 마음을 더 깊이 있게 이해하고 소통할 수 있는 가장 좋은 방법이에요. 친구와 함께 일기를 써 보세요.

날짜와 날씨   월   일, 날씨:

오늘의 기분

내 이름:	친구 이름:
예) 행복	예) 분노

오늘의 일기

* 하루 중 겪었던 특별한 사건이나 느낀 감정을 자유롭게 적어 보세요.

나 예) 체육 시간에 피구를 했다.
　　 내가 가장 좋아하는 운동이라서 그런지 정말 즐거웠다.

_____

_____

친구 예) 금요일에 학교에서 피구 시합을 했다.
　　　 경기가 정말 치열했는데, 후반전이 되자 다른 아이가 반칙을 했다.

_____

_____

* 친구의 일기를 읽고 공감하는 문장을 적어 보세요.

내 이름:	친구 이름:

친구에게 하고 싶은 말

친구의 일기를 읽고 들었던 감정이나 생각을 자유롭게 적어 보세요.

나 예) 피구 시간에 그런 일이 있는 줄 몰랐어. 많이 속상했겠다.

_____

_____

친구 예) 비밀 일기를 쓰니까 화가 좀 가라앉는 느낌이야. 이렇게 털어놓으니
      마음이 좀 편안해진다.

_____

_____

내일의 계획

* 내일 하고 싶은 일이나 목표를 적어 보세요.

내 이름:	친구 이름:

친구와 함께 이야기 만들기

창의력을 높이는 효과적인 방법

서로 다른 아이디어를 주고받으면
상상력이 쑥쑥 자라나요.
친구와 이야기를 더하고 바꾸어 보세요.
정말 재미난 이야기가 탄생할 거예요.

선생님이 초등학생 때, 친구에게 들었던 이야기를 들려줄

게요.

원국아, 우리 학교에 창고 건물 있지? 비어 있는 것처럼 보이지만

사실은 그렇지 않아. 거기에 총각 귀신이 많대.

어떻게 아냐고? 비 오는 날 밤이면 창고에서 이상한 소리가 들

린대. 게다가 희미한 불빛도 새어 나온다지 뭐야? 특히 천둥 번개

가 칠 때면 불빛이 더 밝아진다나 뭐라나?

　한번은 6학년 형들이 비 오는 날 밤에 그곳을 들여다봤는데 말이야. 그 희미한 불빛의 정체가 바로 총각 귀신이었대! 6학년 형들은 너무 무서워서 도망치고 싶었지만, 발걸음이 떨어지지 않아서 한동안 얼어붙어 있었다고 해.

　믿거나 말거나 한 이야기지만 어디서 많이 들어 본 것 같죠? 네, 흔한 학교 괴담과 비슷해요. 근데 왜 생뚱맞게 괴담이냐고요? 괴담은 학교나 마을처럼 같은 곳에 사는 사람들을 더 가깝게 만드는 역할을 해요. 우리가 다니는 학교, 우리만 아는 장소, 우리만 경험한 일들을 공유하는 것은 하나로 묶여 있다는 느낌을 주거든요.

　이야기와 이야기가 보태져서 만들어지는 게 바로 괴담이에요. 사람들은 상상력을 더해 이야기를 나누고, 거기에 점점 살이 붙고 풍부해지면서 색다른 이야기로 탄생하지요. 예를 들어 친구가 학교 화장실에서 귀신을 봤다고 이야기하면, 다른 친구는 '귀신이 밤마다 화장실에서 운다.'라고 덧붙일 수 있어요. 그럼 또 이야기가 전해지면서 '그 귀신은 한이 맺혀서 우는 거래.'라는 말을 보탤 수 있죠. 이렇게 서로의 이야기가 섞이면서 점점 흥미로운 괴담이 만들어지는 거예요. 사람들은 상상력을 공유하고 이야기를 나누면서 더 가까워지고 친해진답니다.

친구와 이야기를 만드는 것도 이와 비슷해요. 둘 혹은 셋, 넷의 상상력이 더해지면 흥미로운 이야기가 탄생할 수 있어요. 이렇게 만들어진 이야기는 우리만의 것이 되어 관계를 가까이 묶어 주는 역할을 한답니다. 게다가 글을 쓰는 재미도 몇 배는 더 늘어날 거예요.

창의력을 키울 수 있는 좋은 방법 중 하나가 '이야기 만들기'인데, 친구들과 이야기를 만들어 가는 과정은 더 즐겁고 신나겠죠. 그리고 덤으로 글쓰기 실력도 높아질 수 있어요. 선생님도 종종 친구와 '이야기 만들기'를 하는데, 한번 소개해 볼게요.

방법: 한 친구가 첫 문장을 시작하면 다음 친구가 그 문장에 새로운 내용을 덧붙여요.

예) 친구 A: 어느 마을에 거짓말을 잘하는 소년이 살았어요.
친구 B: 그러던 어느 날, 그 소년에게 엄청난 일이 일어났답니다.
친구 C: 소년의 거짓말이 현실이 되기 시작한 거예요.
친구 D: 그 소년은 처음에 믿지 못했어요.

이렇게 이야기가 끝날 때까지 문장을 이어 가세요. 단, 혼자 너무 엉뚱한 방향으로 가는 건 좋지 않아요. 친구가 쓴 글의 의도를 파악하고 이야기의 흐름을 잘 유지하는 것이 중요하답니다. 그렇게 서로의 상상력을 존중하며 이야기를 이어 가다 보면, 한 번도 보지 못한 기발한 내용이나 생각지도 못한 결말이 나오기도 해요. 각자 생각이나 취향이 다르니 오히려 이야기를 더 흥미롭게 만들 수 있는 거예요. 어때요? 세상 어디에도 없는 이야기를 만들어 보고 싶지 않나요? 벌써 기대된다고요? 그럼 시작해 보세요!

☆ '이야기 만들기'는 창의력과 글쓰기 실력 향상에 큰 도움이 되는 활동이에요. 친구들과 함께 상상력을 발휘해 재미있는 이야기를 만들어 보세요.

1 어떤 주제의 이야기를 하고 싶나요?

예) 머나먼 여행을 떠나는 이야기

2 어떤 장르의 이야기를 쓸 건가요?

예) 판타지

3 분량은 어느 정도로 예상되나요?

예) 28문장

4 주인공의 이름을 지어 보세요.

예) 남자아이: 태민, 여자아이: 지유

5 차례대로 한 문장씩 이야기를 이어 써 보세요.

친구 A 예) 어느 고요한 도시에 외롭고 심심했던 _____

친구 B _____

친구 C _____

친구 D _____

친구 A _____

친구 B _____

친구 C _____

친구 D _____

친구 A _____

친구 B _____

친구 C _____

친구 D _____

친구 A _____

친구 B _____

친구 C _____

친구 D _____

친구 A _____

친구 B _____

친구 C _____

친구 D _____

친구 A _____

친구 B _____

친구 C _____

친구 D _____

친구 A _____

친구 B _____

친구 C _____

친구 D _____

6 이야기를 마무리하세요.

예) 두 친구가 비밀의 문을 열자,

다양한 감정을 표현해요

☆ 초등학생들이 다양한 감정을 풍부하게 표현할 수 있도록 간단하고 친숙한 감정 어휘들을 선별했습니다. 글을 쓸 때 감정을 효과적으로 표현하는 데 좋은 참고 자료가 될 거예요!

긍정적인 감정을 표현할 때

흐뭇한	설레는	즐거운
친근한	평화로운	흥미로운
기쁜	편안한	뿌듯한
충만한	짜릿한	반가운
흥분되는	사랑하는	열정적인
상쾌한	고마운	행복한
활기찬	흥겨운	당당한
만족스러운	홀가분한	유쾌한
신나는	재미있는	좋은
기대되는	자랑스러운	
감동적인	가슴 벅찬	
감사한	벅차오르는	

부정적인 감정을 표현할 때

심란한	애타는	외로운
두려운	걱정되는	무기력한
서글픈	울적한	서운한
어지러운	비참한	지루한
실망스러운	당황스러운	절망적인
불쾌한	불안한	약 오르는
답답한	지친	쓸쓸한
괘씸한	미운	얄미운
혼란스러운	슬픈	못난
안타까운	우울한	싫은
겁나는	괴로운	언짢은
창피한	막막한	나쁜
허무한	억울한	사나운
피곤한	의기소침한	
초조한	난처한	

글쓰기 대통령
강원국의 초등학생 글쓰기
❷ 글쓰기로 친구 사이가 좋아졌어요

글 강원국·서예나
그림 문인호

1판 1쇄 인쇄 2024년 12월 10일
1판 1쇄 발행 2024년 12월 18일

펴낸이 김현종
출판본부장 배소라
책임편집 빅포레스팅　**디자인** design S
마케팅 안형태 김예리　**경영지원** 문상철

펴낸곳 (주)메디치미디어
출판등록 2008년 8월 20일 제300-2008-76호
주소 서울특별시 중구 중림로7길 4, 1층
전화 02-735-3308　**팩스** 02-735-3309
이메일 medici@medicimedia.co.kr　**홈페이지** medicimedia.co.kr
페이스북 medicimedia　**인스타그램** medicimedia

ⓒ 강원국, 서예나, 문인호 2024

ISBN 979-11-5706-384-0 (74700)
ISBN 979-11-5706-382-6 (74700) (세트)